L'ÉPURATION

SOUS

LA TROISIÈME RÉPUBLIQUE

D'APRÈS

LE « JOURNAL OFFICIEL » ET L' « ALMANACH NATIONAL »

PAR

PIERRE DE WITT

Prix : UN franc

PARIS

SOCIÉTÉ ANONYME DE PUBLICATIONS PÉRIODIQUES

13, QUAI VOLTAIRE, 13

1887

L'ÉPURATION

SOUS

LA TROISIÈME RÉPUBLIQUE

PARIS. — IMP. P. MOUILLOT, 13, QUAI VOLTAIRE.

L'ÉPURATION

SOUS

LA TROISIÈME RÉPUBLIQUE

D'APRÈS

LE « JOURNAL OFFICIEL » ET L'« ALMANACH NATIONAL »

PAR

PIERRE DE WITT

PARIS

SOCIÉTÉ ANONYME DE PUBLICATIONS PÉRIODIQUES

13, QUAI VOLTAIRE, 13

1887

L'ÉPURATION

SOUS

LA TROISIÈME RÉPUBLIQUE

D'APRÈS

Le « JOURNAL OFFICIEL » et L' « ALMANACH NATIONAL »

« La monarchie ne sera pas la revanche d'un parti vainqueur sur un parti vaincu, le triomphe d'une classe sur une autre classe.

« Les modestes serviteurs de l'État, qui ont gagné leur situation par leur travail, ne seront pas menacés parce qu'ils la tiennent de la républiquc. Si, d'une part, toutes les victimes des persécutions républicaines sont assurées de recevoir l'ample réparation qui leur est due, d'autre part, les exploiteurs et les indignes, qui avilissent leurs fonctions, auront seuls à redouter l'avènement d'un pouvoir honnête et juste. »

J'ai tenu à rappeler ces politiques et généreuses paroles de Mgr le Comte de Paris en commençant cette étude.

Mgr le Comte de Paris vient de nous dire comment les fonctionnaires seront traités sous la monarchie.

Je voudrais montrer comment les fonctionnaires ont été traités sous la république. Depuis dix ans, les fonctionnaires sont soumis au régime de l'épuration.

Quel a été le but, quel a été le résultat de l'épuration? Comment les républicains ont-ils compris et appliqué cette grande théorie gouvernementale, recueillie par eux dans l'héritage des Jacobins de 1793? C'est ce que je m'efforcerai d'établir à l'aide de documents authentiques. Le *Journal officiel* et l'*Almanach National* m'ont fourni tous les éléments de ce travail.

C'est un chapitre, d'après l'*Officiel*, de l'histoire de la troisième république.

PIERRE DE WITT.

L'ÉPURATION

SOUS

LA TROISIÈME RÉPUBLIQUE

Louis Blanc raconte qu'un jour Danton dînant avec plusieurs Jacobins de ses amis, « il lui échappa de dire dans les fumées du vin que leur tour était venu de jouir de la vie, que les hôtels somptueux, les mets exquis, les étoffes d'or et de soie, les femmes dont on rêve étaient le prix de la force conquise, que la Révolution, après tout, était une bataille et devait, comme toutes les batailles, avoir pour résultat le partage des dépouilles opimes entre les vainqueurs ». — Et comme les convives étonnés laissaient paraître sur leur front l'expression d'une douleur austère, Danton se leva brusquement et s'écria, avec un immense et sardonique éclat de rire : « Mais croyez-vous donc que je ne puisse pas, si je m'en mêle, être sans-culotte tout comme un autre? »

Si Danton revenait au monde, il serait content de ses disciples. Sa théorie est mise en pratique. « La révolution est une bataille et doit avoir pour résultat le partage des dépouilles opimes entre les vainqueurs. »

Depuis dix ans, nous assistons à ce partage, mais les Jacobins sont rares aujourd'hui, qui laissent paraître sur leur front l'expression d'une douleur austère.

I

Parmi les dépouilles, il n'en est pas de plus recherchées que les fonctions publiques. Les Jacobins de 1887 ont des convoitises et non des doctrines, ils luttent pour des places non pour des idées. En 1887, sous M. Grévy, comme en 1793, sous la Terreur, l'épuration des fonctionnaires est l'un des premiers articles du programme radical, l'une des plus sûres mesures, inventées par les Jacobins pour dominer.

Depuis la mort de M. Thiers, « l'épuration est devenue le mot d'ordre et le véritable but de la politique[1]. » Est-ce un conservateur qui travestit ainsi la pensée de ses adversaires, c'est un républicain qui déplore les fautes de ses amis.

Epurer ! mot qui rappelle les plus mauvais jours de la Terreur, mot étrange dans la bouche de ceux qui ont accordé leurs faveurs aux combattants de la Commune, mot qui effraye les fonctionnaires timides et révolte les courageux.

Qu'est-ce qu'un fonctionnaire ? Un serviteur de l'État? Qui doit-il servir? L'État. C'est à l'État qu'il doit son temps, son travail, sa fidélité, sa vie s'il en est besoin. C'est de l'État qu'il reçoit un traitement en échange de ses services. Est-il rien de plus simple, de plus naturel, de plus logique? Telle n'est pas cependant la théorie des républicains ; un fonctionnaire est pour eux le serviteur non de l'État, mais d'un parti.

Un homme s'est consacré au service de l'État depuis sa jeunesse, il lui a donné le meilleur de ses forces et de sa vie. Fonctionnaire intègre et zélé, il a défendu les intérêts de tous. Et parce qu'il ne sert pas votre ambition ou vos rancunes, vous allez le frapper sans respect des droits acquis, sans souci du bien du pays. Et vous organisez tout un système de délation et d'inquisition. A l'un vous reprochez sa naissance, à l'autre

1. Charmes : *Nos fautes,*

ses alliances ou ses amitiés ; tel autre a le tort d'aller à la messe ou d'y conduire ses enfants. Celui-ci a dû condamner quelques républicains coupables ; celui-là n'a fait que médire de la femme ou de la maîtresse d'un député ; ce dernier n'a rien dit, rien écrit, il craint même de penser, mais il passe pour réactionnaire et l'on a besoin de sa place.

Camille Desmoulins écrivait, en 1790, dans sa première ferveur révolutionnaire : « Je m'efforce de réhabiliter ce mot *délation;* nous avons besoin, dans les circonstances, que ce mot *délation* soit en honneur. » Depuis dix ans, tous les journaux radicaux de province ont pris modèle sur Desmoulins. On est révoqué pour les opinions qu'on a, pour celles que l'on a eues, pour celles que l'on pourrait avoir.

Et qu'on ne s'y trompe pas, les plus acharnés à la délation sont les députés. C'est dans les couloirs de la Chambre que se décident les grandes hécatombes. Il n'est pas de représentant radical, si petit, si inconnu qu'il puisse être, qui ne s'arroge, dans l'arrondissement qu'il représente, une autorité despotique et dictatoriale. Il a *ses* fonctionnaires, *ses* agents, *son* administration, *ses* fidèles, qu'il faut soigner, *ses* révoltés, qu'il faut réduire, *son* élection, qu'il faut assurer. C'est un maître sévère et dur qu'on doit craindre et qu'il faut servir, qui réclame tous les dévouements et frappe sans pitié, « les budgétivores qui rongent la main qui les paye ! »

N'est-ce pas l'an dernier que nous avons vu le conseil général de Loir-et-Cher refuser de siéger et de s'occuper des affaires du département, parce que son président, un député, n'avait pu obtenir le déplacement ou la révocation d'un préfet trop peu docile?

II

Dès le 4 septembre 1870, l'épuration est la grande affaire des radicaux. Il faut des places pour les affamés ; il en faut pour ceux qui préfèrent les bureaux des préfectures au service en campagne.

Alors que tous ne devraient songer qu'à la défense nationale, beaucoup ne pensent qu'à leur fortune personnelle.

On épure.

Le 20 décembre, Gambetta écrit au gouvernement de Paris : « Il faut tailler dans le vif, balayer impitoyablement toutes les créatures de la monarchie déchue qui sont restées à leur poste et qui conspirent ouvertement contre la République... autorisez-moi à purifier les personnels administratifs avec tous mes collègues, et ce sera l'affaire de quelques jours !

Le 10 janvier 1871, le ministre de l'intérieur demande aux préfets la liste des fonctionnaires des finances « dont ils jugent le remplacement immédiat et indispensable ».

Le 13 janvier, il télégraphie : « Vous êtes autorisés à faire, au point de vue politique et républicain, dans le personnel des instituteurs, tous les changements que vous jugerez utiles ».

Le ministre de la justice a moins de scrupules encore. Le 24 octobre, Crémieux annonce au gouvernement de Paris : « Les tribunaux et les cours sont bien garnis, à la joie de nos amis. Les juges de paix fauchés ! (On les fauche à l'électricité). Envoyez-moi, par télégraphe, les noms des juges de paix que vous voulez que je révoque et de ceux que vous voulez que je nomme, cela sera fait de suite. »

Six cent quarante-huit juges de paix sont révoqués ou remplacés d'office ; trois cent un sont déplacés ou mis à la retraite ; Deux cent soixante-neuf magistrats des cours et tribunaux sont l'objet de mesures de rigueur[1].

1. Ce sont les chiffres trouvés par l'enquête. M. Cré-

Ne faut-il pas placer tous les *amis!* et dans l'intérêt même de la République. Le sous-préfet de Roanne télégraphie : « Que les républicains seuls aient la direction ! Si vous n'agissez ainsi, les républicains se soulèveront et nous aurons la guerre civile! »

On n'évite pas la guerre civile.

Je ne veux pas refaire ici l'histoire de la Commune ni redire ce que d'autres ont mieux dit. La Commune a connu cette passion des places, des traitements et des galons qui possède tous les Jacobins. Elle a épuré les fonctionnaires et créé des fonctions nouvelles. Cela se conçoit, c'est dans l'ordre.

Il est dans l'ordre aussi qu'au lendemain de leur victoire d'octobre 1877 les républicains aient procédé au partage des dépouilles entre les vainqueurs. L'épuration est dès lors leur première pensée, les déclarations gouvernementales l'annoncent, les ordres du jour parlementaires la réclament; M. de Marcère, lui-même, proscrit le mot, mais promet la chose[1].

mieux les croyait plus considérables. Il déclarait avoir remplacé au moins dix huits cent juges de paix.

1. Dès le mois de mars 1876, les députés républicains nouvellement élus, réunis dans une grande assemblée préparatoire, réclamaient l'épuration du personnel. (Voir le discours de M. Floquet.)

Le 16 décembre 1877, le cabinet, présidé par M. Dufaure, déclare qu'il a été inexorable envers les fonctionnaires qui, même en dehors de leurs fonctions, ont attaqué ou dénigré le gouvernement. Le 5 décembre 1879 M. Waddington, alors président du conseil, s'écrie : « On nous accuse de n'avoir pas suffisamment épuré le personnel des fonctionnaires... Si vous parcourez les colonnes de l'*Officiel*, vous verrez que les changements ont été nombreux et les révocations fréquentes. »

Le 16 janvier 1880, M. de Freycinet, qui vient d'arriver au pouvoir, parle encore de « la réforme du personnel administratif ».

Cette réforme est déjà complète. C'est un journaliste républicain qui le proclame : « Un seul des préfets du 16 Mai, on l'a dit récemment à la Chambre, est resté en place. Un seul des procureurs généraux, compromis dans cette funeste campagne, a-t-il conservé ses fonctions? Allons plus loin, un seul des juges de paix et des instituteurs, tant soit peu suspects, a-t-il échappé aux mains vengeresses de MM. Le Royer ou Jules Ferry? Non, certes, ou peu s'en s'en faut [1]. »

Le 30 mars 1880, le même journaliste revient

1. Charmes : *Nos Fautes*, page 36.

sur « le système d'épuration administrative que poursuit avec tant d'acharnement le cabinet actuel »...

« L'opinion publique s'émeut, l'alarme est partout. »

C'est un républicain qui le constate. Dès cette époque, l'épuration est complète, brutale, excessive. On assiste au « bouleversement du personnel. Les gardes champêtres, eux-mêmes, n'ont pas été épargnés. » Le pays n'est « pour rien dans des exécutions qu'il déplore ». « La politique d'épuration a jeté l'anarchie et une sorte de terreur dans les administrations publiques. » « Sous ce mot d'épuration se cachent les plus fâcheuses convoitises ou les moins avouables rancunes personnelles[1] ».

. Six ans se passent. M. de Freycinet est de nouveau président du conseil. Le 16 janvier 1886, il monte à la tribune pour lire une déclaration gouvernementale. Il parle de l'ordre républicain, qui doit être un accroissement certain de la liberté; mais ses paroles les plus applaudies sont celles où il parle de l'épuration : « Il faut que nul n'oublie désormais que la liberté d'opposition contre le gouvernement n'existe pas pour les serviteurs de l'État. »

1. *Nos Fautes*, page 71.

L'ordre républicain, c'est l'épuration. C'est l'épuration au mois de octobre 1887, comme au mois de janvier 1886, comme en 1879, comme au 4 Septembre, comme sous la Commune; mais les Jacobins d'aujourd'hui ont transformé en système de gouvernement ce qui n'était, sous la Commune, qu'une mesure révolution naire, et les plus fâcheuses convoitises, comme les moins avouables rancunes, se cachent toujours sous ce mot d'épuration.

III

Les premiers épurés, ce sont les ministres. La République est prodigue de ses grands hommes. Elle les use et s'en dégoûte. Gambetta, M. Ferry, M. de Freycinet, le général Boulanger ont connu la roche Tarpéienne. En dix-sept ans d'existence, la République a consommé déjà vingt-trois cabinets; vingt-trois décrets nommant des présidents du conseil ont été rendus. De 1830 à 1848, la monarchie de Juillet, qu'on accusait d'instabilité, n'en avait compté que treize. De 1870 à 1887, cent-vingt-huit personnes différentes ont acquis l'honneur de se faire appeler anciens ministres, et quatre-vingt-six d'entre elles n'ont été qu'une fois ministre[1]. Le ministère de l'intérieur est le plus recherché et le plus épuré ; il a connu vingt-neuf titulaires ; il n'en avait eu que dix sous la Restauration ; le ministère des finances, plus heureux, n'a guère compté qu'un ministre par an ; il n'en avait eu que dix pendant les dix-huit années du second Empire. Le ministère des travaux publics a changé vingt-trois fois de maîtres, le ministère de l'agriculture vingt-deux fois, le ministère de la guerre dix-sept fois, le ministère des affaires étrangères seize fois. Que la République dure encore quelques années, et ce deviendra une originalité que de n'avoir pas été ministre. Le grand nombre de ces hommes d'État est une première cause de la fréquence et de la violence des épurations. Chaque nouveau ministre arrive au pouvoir, précédé ou suivi d'une clientèle imposante de parents, d'amis, d'électeurs qu'il faut caser. Pour les caser, on épure.

1. Il y a eu en fait 187 nominations de ministres.

IV

L'ÉPURATION AU MINISTÈRE DE LA JUSTICE

Le ministère de la justice est le premier atteint. Les Jacobins ont le goût de la magistrature pour la remplacer. Ils aiment aussi à s'en venger. Tout magistrat conservateur a deux griefs contre lui : sa place, que l'on désire, et les condamnations qu'il a prononcées. Quelles que soient les vertus des Jacobins, l'équité oblige parfois à les condamner. Il y faut un vrai courage, car on s'expose à un vrai danger.

Au mois de février 1880, M. Clappier, avocat général à Nîmes, est frappé par le ministre de la justice. Quel est son crime? Il a conclu, dans un procès, contre M. Seignobos, député de l'Ardèche. M. Seignobos se venge. M. Clappier est révoqué. « J'ai eu le malin plaisir de lui annoncer hier cette nouvelle, écrit M. Seignobos. Ce n'était tout d'abord qu'un déplacement, mais j'ai vivement insisté pour qu'il ne fût pas replacé. Maintenant, vous pouvez fournir sur moi la somme de 350 francs... Je ne cache pas la part décisive que j'ai prise à la révocation de M. Clappier[1] ».

Est-ce là un fait isolé? Interrogeons des républicains. « L'intérêt électoral, la satisfaction des vengeances personnelles et le goût des places ont provoqué cette prodigieuse épuration. Était-ce le résultat d'un travail intérieur de la chancellerie? Nullement. L'exécuteur de ces épurations passait des heures entières dans les couloirs de la Chambre, où il avait élu domicile et recevait les dénonciations à l'aide desquelles il préparait les décrets. Les membres de la Chambre allaient successivement porter leurs délations à ce fonctionnaire, qui venait chaque jour au Palais-Bourbon prendre les ordres des députés[2]. »

1. Lettre de M. Seignobos à son avoué, en date du 8 février 1880. M. Seignobos avait télégraphié à M. Clappier : « Je suis heureux de la large part que j'ai eue à cet acte de justice complète, bien due à votre impartialité et à votre amour de la vérité. » — Voir la discussion à la Chambre des Députés. (*Officiel*).

2. *L'Ingérence des députés dans l'administration*, p. 12. Cette brochure a été publiée par la Société des Publications libérales, à la tête de laquelle se trouvent M. Barthélemy Saint-Hilaire, ancien ministre des affaires étrangères sous M. Grévy; M. Léon Say, ancien ministre des finances; M. Picot, de l'Institut; M. de Montebello, directeur de la *Petite République française*.

Aussi la besogne va-t-elle vite. De 1877 à 1882, neuf cent quatre-vingt-deux magistrats inamovibles sont déplacés ou remplacés. dix-sept cent soixante-trois magistrats des parquets sur deux mille cent quarante-huit sont atteints par le garde des sceaux.

Les juges de paix ont-ils été à l'abri de ces hécatombes? Tout au contraire, ils sont les premiers frappés. Leur juridiction ne s'étend que sur un canton, mais leur influence est grande ; leurs rapports avec la foule sont journaliers. Tous les plaideurs mécontents les dénoncent, les candidats pour les remplacer sont nombreux.

De 1877 à 1882, 2,536 juges de paix ou suppléants sont destitués ou déplacés sur 2,941 que compte la France.

L'épuration semble achevée, elle n'est que commencée pour les jacobins.

Le 22 janvier 1883, M. Jules Ferry, président du conseil, parle de la réforme de la magistrature qu'il est de « l'honneur du Parlement de mener à terme ».

Quelques mois plus tard M. Martin-Feuillée, garde des sceaux, déclare : « L'intérêt public veut qu'on fasse sortir de la magistrature les hommes qui n'ont pas pu se résigner à accepter loyalement les institutions que le pays s'est données. » Le 31 août 1883, l'*Officiel* promulgue cette loi détestable[1] *honneur du Parlement* qui l'a votée, qui sous des formules hypocrites suspend pendant trois mois l'inamovibilité de la magistrature[2]. Car il n'y a dans la loi qu'un seul article, c'est M. Allou qui le déclare éloquemment dans le Sénat. « C'est la suppression de l'inamovibilité, c'est la proscription de huit cent cinquante magistrats. » — « Je crois que vous faites à présent des suppressions, pour faire les épurations, » s'écrie M. Jules Simon.

« Il faut vivre en province, il faut voir de près ce qui s'y passe pour se rendre compte des mille intrigues que provoque cette loi judiciaire, » dit le 3 septembre 1883 le correspondant provincial du Parlement. « Il n'y a pas de café, de cercle, de lieux de réunion quelconque, où l'on ne dresse des listes de proscription. Jusqu'ici on s'était borné à livrer aux appétits les administrations publiques. Maintenant, ce sont les prétoires, c'est la justice, qu'on donne

1. L'un des articles de la loi disait : « Ne seront pas maintenus, à quelque juridiction qu'ils appartiennent, les magistrats qui, après le 2 décembre 1851, ont fait partie des commissions mixtes. » Cet article ne faisait guère que reproduire un décret de Gambetta en date du 20 janvier 1871, et un arrêté que le 3 novembre 1870 Duportal, préfet de Toulouse, avait pris de sa propre autorité.

2. *Nos Fautes*, p. 174.

en pâture aux rancunes et aux convoitises. »

Est-il besoin de rappeler les encouragements donnés à ces rancunes, à ces convoitises par un gouvernement qui demande aux juges des services et non des arrêts? « Quand la loi a été votée, quand la période d'exécution a commencé, on vit s'étaler dans tout son cynisme l'épuration politique du corps judiciaire... Les exécuteurs de la magistrature, retroussant leurs manches, assistés d'une bande de délateurs, entourés d'une troupe d'affamés, se mirent joyeusement au travail.

« Et quand ils l'eurent achevé, quand on vint raconter à la tribune du Sénat ce qu'ils avaient osé et citer des faits monstrueux, que le garde des sceaux d'alors ne put ni contredire ni expliquer et sur lesquels il ne put répondre qu'en balbutiant, alors il n'y eut plus d'illusion possible, et l'on vit bien que ce l'on avait décoré du nom menteur de réorganisation judiciaire avait été dans la réalité tout autre chose [1]. »

Faut-il entrer dans le détail de ces exécutions, faut-il montrer de 1880 à 1886 les présidents de cour d'appel changés dans vingt-deux cours, sur vingt-six[2]? Faut-il opposer à d'aussi

1. Article du *Journal des Débats*. Mars 1887.

2. Voir l'*Almanach national*. En 1880, comme en 1886, M. Grévy est président de la République, M. de Freycinet,

tristes abus la conduite des gouvernements précédents, le président Séguier restant à Paris de 1802 à 1848, le président de Belbœuf maintenu par le roi Louis-Philippe au poste qu'il occupait à Lyon sous Charles X, le président Piou gardant sous l'Empire la direction de la cour de Toulouse, à la tête de laquelle l'avait appelé la monarchie ?

Faut-il rappeler que ces postes d'honneur sont aujourd'hui parfois confiés à d'anciens députés que la République console en leur remettant le soin de juger leurs adversaires ou leurs vainqueurs; que M. Houyvet, ancien député du Calvados, est président de la cour de Caen, que M. Boulard, ancien député du Cher, est conseiller à la cour de Bourges; qu'un ancien député des Basses-Pyrénées, candidat malheureux au 4 octobre 1885, vint d'être appelé à la cour de Pau?

Quels sont les corps dépendant du ministère de la justice qui n'aient pas été soumis à l'épuration? Le Conseil d'État? On l'a transformé et réformé dès le mois de juillet 1879, au moment où il devait juger le recours des congréganistes. Transformé par la création de nouveaux

président du conseil. Les vingt-deux présidents frappés ne sont pas déplacés, mais remplacés.

membres, réformé par la révocation ou le remplacement de tous ceux dont on craignait la décision. « Il faut que le gouvernement puisse avoir toute confiance dans le Conseil d'État, qu'il y soit pour ainsi dire chez lui, » déclare M. Franck Chauveau, rapporteur de la Chambre des députés.

Faut-il ajouter qu'au milieu de coups si répétés et de mesures si brutales les directeurs de service au ministère de la justice n'ont pas été épargnés, que le directeur des affaires civiles en 1887 n'est pas le même qu'en 1880, que le directeur des affaires criminelles a changé quatre fois, pour le moins, en ces sept années.

C'est la conséquence logique de l'épuration, et l'on sait que les Jacobins d'aujourd'hui sont « de grands logiciens ». C'est de tradition. Sous la Terreur, un banquier de Montpellier, nommé Bejar, fut appelé devant le tribunal révolutionnaire. On venait de l'accuser de crimes imaginaires. Il avait su s'en défendre. « Mais, s'écrie l'un des jurés, tu as un frère qui est un aristocrate déterminé. — Je n'ai pas de frère. — Eh bien, si ce n'est pas toi, ni ton frère, c'est au moins ton père. » Sur ce l'on condamne et l'on guillotine. Je dédie cette histoire très vraie aux malheureux fonctionnaires de la troisième République. M. Yves Guyot n'a-t-il pas ordonné de révoquer tous ceux « dont les femmes n'aimaient pas la République »? C'était sans doute pour plaire à M. Yves Guyot qu'un fonctionnaire trop zélé du ministère de la justice prescrivait tout récemment une grande enquête sur les opinions, les mœurs, les relations de toutes les femmes de magistrats.

V

L'ÉPURATION AU MINISTÈRE DE L'INTÉRIEUR

Si le ministère de la justice est mis en coupe réglée par ceux qui n'admettent pas qu'un conservateur puisse avoir raison, le ministère de l'intérieur est soumis à des épurations répétées par ceux qui ne veulent pas qu'un conservateur trouve des électeurs. La raison en est simple.

Pour être influent, il faut être député; pour être député, il faut être soutenu par l'administration; pour être soutenu par l'administration, il faut avoir dans chaque département des préfets, des sous-préfets habitués aux pratiques jacobines.

L'honorable M. Germain, dans un article qui

date du 15 juin 1886, s'étonnait de trouver encore un grand nombre de fonctionnaires qui ne fussent pas de simples agents électoraux [1]. Il se hâtait d'ajouter : « Hélas! le mal fait des progrès; on voit de plus en plus les membres des comités électoraux enlever les fonctions publiques. » Au ministère de l'intérieur, le mal est complet.

Autrefois, quand le gouvernement gouvernait, c'était une carrière utile et respectée que celle des préfets. Représentants d'un pouvoir fort et d'une volonté ferme, ils pouvaient beaucoup pour le développement et la prospérité des départements qui leur étaient confiés [2]. On leur laissait le temps de connaître et d'aimer ces départements. Ils avaient leurs besoins, leurs désirs, leurs intérêts; ils avaient le droit de parler au nom des populations qui voyaient en eux non des tyrans subalternes, mais des protecteurs utiles. Alors tout changement de cabinet n'amenait pas le bouleversement de l'administration tout entière. Le roi ou l'empereur restaient quand les ministres se succédaient.

1. L'état politique de la France en 1886 (*Revue des Deux-Mondes*).

2. Est-il besoin de rappeler que certains départements sont restés fidèles aux préfets qui avaient su mériter leur confiance? Le Calvados n'a pas oublié M. Bocher.

Aujourd'hui que le gouvernement est avant tout une grande agence électorale ou un bureau de placement pour les Jacobins besogneux, le rôle et la situation des préfets ne sont plus les mêmes. Représentants non du chef de l'État, mais du chef d'un parti ou d'une fraction de parti, c'est dans l'intérêt d'un parti qu'ils administrent, c'est sur le succès d'un parti qu'ils comptent pour assurer leur avancement et leur fortune. Malheureux fonctionnaires [1], plus à plaindre encore qu'à blâmer, ils vivent l'œil fixé sur la salle des séances du Palais-Bourbon ; chaque scrutin peut terminer leur carrière, car chaque ministre nouveau a sa clientèle, et le nombre des préfets divers qu'ont comptés les départements équivaut presque au nombre des ministères successifs qu'a usés la République.

Prenons le Morbihan.

De 1831 à 1848, un seul préfet l'avait administré, M. Lorois. De 1877 à 1886 [2], c'est-à-dire en moins de dix ans, le Morbihan a changé sept fois de préfet.

1. « Voyez le sort de ces pauvres préfets, sous-préfets, percepteurs, qui habitent des départements où les dynasties opportunistes et radicales sont aux prises. Ils n'ont pas un instant de répit. » HENRI GERMAIN.

2. Je n'ai pas fait entrer dans ces calculs les préfets nommés au 16 mai 1877. Parmi les préfets restés dans un

En 1847, le préfet des Côtes-du-Nord était le même qu'en 1831 ; de 1877 à 1886, les Côtes-du-Nord ont eu six préfets. La Seine-Inférieure, plus heureuse, n'en a compté que quatre dans la même période ; mais la Seine-Inférieure avait conservé le même préfet de 1831 à 1848 sous le roi Louis-Philippe, et de 1853 à 1870 sous l'empereur Napoléon III [1]. Il serait facile de multiplier ces exemples. Plus la lutte électorale est vive dans une région, plus les hécatombes sont fréquentes.

De 1877 à 1886, la Corse compte sept préfets, la Nièvre, sept, le Gard, six. Veut-on une preuve encore plus frappante de l'instabilité républicaine?

En 1880, M. Grévy est chef de l'État, M. de Freycinet est président du conseil. En 1886, M. Grévy est toujours à l'Élysée, et M. de Freycinet de nouveau ministre. Rien ne semble changé en France, le personnel préfectoral peut rester le même ; mais les clients de M. de Freycinet ne sont plus les mêmes. De 1880 à 1886,

même département pendant tout un régime, on peut citer M. de Jessaint, préfet de la Marne de 1815 à 1830, M. de Lezay-Marnezia, préfet de Loir-et-Cher sous le roi Louis-Philippe, et bien d'autres.

1. M. Dupont-Delporte, sous le roi Louis-Philippe, le baron Leroy, pendant l'Empire.

la lutte entre républicains a été si vive, la poussée des quémandeurs de places si violente, que l'administration est bouleversée. Dans quatre-vingt-deux départements sur quatre-ving,-six, le préfet a été changé; plus de cinquante bons républicains, préfets en 1880, sont épurés en 1886. Plus de cent cinquante sous-préfets inscrits dans l'*Almanach National* de 1880 manquent à l'appel en 1886.

La mort, sans doute, a créé des vides parmi les fonctionnaires ; certains ont reçu de l'avancement, d'autres ont été dédommagés, mais ne dirait-on pas un changement de régime en voyant ces chiffres?

Les chiffres sont frappants, les faits le sont bien plus encore. Ceux qui connaissent la vie de province, savent toute l'émotion que soulève la nomination d'un préfet ou d'un sous-préfet, toutes les ambitions, toutes les rancunes, toutes les jalousies qui sont en éveil. Les Basiles de chefs-lieux ont alors beau jeu, et les délations sont nombreuses.

Notez que tout préfet nouveau, tout sous-préfet qui entre en fonctions a ses clients, ses protégés qu'il faut placer; ajoutez le trouble apporté dans le budget par ces changements perpétuels, les indemnités de déplacement, les secours aux fonctionnaires prématurément congédiés, et admirez l'administration de la République, en l'an de grâce 1887.

Étonnez-vous aussi que les agents d'un tel régime aient quelque peine à se faire passer pour les représentants d'un gouvernement régulier.

« Prenez garde, a dit un républicain, on travaille trop activement à dégoûter les gens de mérite et de cœur du service de l'État[1]. »

Et ce qui est vrai dans les départements est vrai aussi dans les ministères. Directeurs et chefs de service se succèdent avec une rapidité dangereuse pour la bonne expédition des affaires. L'administration départementale et communale, confiée à M. Camescasse en 1880, appartient, en 1882, à M. Le Guay, que remplace M. Bihourd ; M. Bihourd lui-même est remplacé par M. Laffon, qui bientôt cède la place.

La sûreté générale conserve deux ans tout au plus chaque titulaire. La préfecture de police passe de mains en mains, et le soin d'en épurer le personnel absorbe si bien les préfets, que les criminels de tout genre en sont enchantés. Car on épure la police, aujourd'hui, comme en 1793. Le conseil municipal de Paris s'y emploie de son mieux, en refusant périodiquement les fonds

1. Frary. *Mes Tiroirs*, 256.

demandés pour la préfecture. M. Clémenceau n'a garde d'oublier la tradition jacobine, il accuse la police d'être réactionnaire. Le ministre de l'intérieur, M. de Marcère, affirme, dès 1879, que l'épuration de la police a été faite dans « des conditions considérables ». Sept ans plus tard, M. le sous-secrétaire d'État à l'intérieur répond à une question sur l'assassinat du préfet de l'Eure, par l'annonce « qu'un nombre assez considérable d'agents de la préfecture de police ont été mis à la retraite, » non parce qu'ils ont démérité mais parce qu'ils n'aimaient pas la république.

Que MM. les assassins dorment tranquilles! On s'occupera d'eux quand l'épuration de la police sera terminée.

VI

L'ÉPURATION AU MINISTÈRE DES FINANCES

Le ministère des finances n'a pas été épargné par l'épuration. Qu'on ne vienne pas dire que ses agents ne sont pas des fonctionnaires politiques, qu'ils sont, avant tout, chargés de la perception des deniers publics, que leurs principales vertus doivent être l'ordre et la régularité. Ce sont là des théories monarchiques, et qui n'ont point cours chez les Jacobins.

Toute place bonne à prendre est une place politique et les places de l'administration des finances sont bonnes à prendre. L'honorable M. Labuze sous-secrétaire d'État en 1882, l'avait bien compris, quand, dans une circulaire justement célèbre, il soumettait ses subordonnés à un espionnage savamment organisé. Il voulait tout savoir sur eux, connaître tous leurs actes, toutes leurs opinions. Ne fallait-il pas épurer?

Dès le mois de mars 1880, le ministère des finances était signalé comme transformé par l'épuration. On le prenait pour exemple. « C'est celui qui a été soumis aux coupes réglées les plus brutales, » écrivait un républicain resté libéral. Et ce n'était pas seulement les gros fonctionnaires qui étaient frappés, les petits, les humbles, les inconnus étaient l'objet de révocations d'autant plus cyniques que l'*Officiel* ne les enregistrait pas. Les agents des contributions indirectes entre autres, étaient sacrifiés. Ces agents, « qu'aucun gouvernement, si corrup-

1. Charmes. *Nos Fautes*. Page 76.

teur ou si corrompu qu'il fût, n'avait osé soumettre à l'épruration, » voyaient leur personnel tice, « bouleversé avec une impudence, une injusune légèreté qui dépassaient toute mesure. La délation et l'espionnage s'en donnaient à cœur joie. Ne fallait-il pas récompenser les républicains qui s'étaient distingués dans les luttes électorales? Ne fallait-il pas punir les fonctionnaires fidèles assez audacieux pour poursuivre le rendement des impôts contre les cabaretiers ou les débitants radicaux?

Dès 1880, la besogne semble donc achevée, l'épuration semble complète, les coupes sont définitives, et, depuis 1880, les agents des contributions indirectes ont pu remplir en paix leur mission difficile. Ce serait une naïveté que de le croire. De 1880 à 1886, d'autres républicains ont senti naître et grandir leur appétit pour les places, d'autres députés ont exigé des fonctions pour leurs clients ; d'autres débitants radicaux, pris en flagrant délit de fraude, ont voulu se venger d'agents honnêtes, en imposant leur révocation ou leur déplacement. Ici encore, l'on a obéi aux plaintes intéressées, aux dénonciations inavouables. De 1880 à 1886, les directeurs des contributions indirectes ont été changés dans cinquante-quatre départements, et ce ne sont pas seulement les directeurs. Dans l'Allier, sur six employés [1], je n'en vois que deux qui restent les mêmes ; dans l'Ardèche, un sur six ; dans le Calvados, deux sur douze ; dans le Var, un sur sept ; dans le Jura, deux sur neuf.

Quel est le résultat pratique de ce bouleversement ? C'est un républicain, c'est un ancien ministre des finances qui va vous le dire : « De 1880 à 1881, c'est-à-dire, en deux ans, le nombre des constatations de contraventions en matière de boissons a diminué de 45 pour 100 soit de 22 pour 100 par an. Le nombre absolu a diminué de 46.842, en 1876, à 18.586, en 1881, soit de 28.256, en cinq ans. En réalité, il n'y a plus de répression, et la fraude devient de droit commun. »

En 1876, les conservateurs venaient de quitter le pouvoir.

Les agents des douanes ne sont pas moins frappés que les agents des contributions indirectes. Dans la direction de Dunkerque, sur huit employés, huit sont changés ; à Lille, neuf sur dix ; à Caen, neuf sur onze, à Bordeaux, sur douze, il en reste un, à Lyon, sur neuf, il en reste un.

1. Directeurs, inspecteurs, sous-directeurs, receveurs principaux, receveurs entreposeurs, entreposeurs. Voir l'*Almanach National*.

2. M. Léon Say.

Les directeurs de l'enregistrement et des domaines sont changés dans cinquante départements. Les conservateurs des hypothèques sont-ils plus heureux ? De 1880 à 1886, ils sont tous révoqués ou déplacés dans la Charente, le Lot-et-Garonne, le Rhône, les Vosges, Seine-et-Oise. Dans le Nord, il en reste un sur sept, dans le Calvados, un sur six. dans la Manche, deux sur six.

Et ce ne sont pas là des faits isolés, c'est tout un système de gouvernement. Est-il besoin d'ajouter que, dans ce système, les perceptions et les recettes ne sont pas oubliées. En six ans, tous les receveurs sont changés dans l'Allier, le Cantal, le Jura, le Var ; dans l'Aveyron, trois sur quatre, dans l'Oise, trois sur quatre ; deux sur trois dans le Lot-et-Garonne. Des cinq percepteurs de l'Allier, en 1880, deux seulement sont encore dans ce département en 1886 ; des six percepteurs de la Somme, il en reste deux.

Ce sont là des chiffres trop certains, et ces exemples, que l'on pourrait multiplier, sont la condamnation la plus évidente d'un gouvernement impuissant à protéger ses fonctionnaires contre les ambitions insatiables de ses amis, ou les dénonciations intéressées de ses protégés les moins honorables.

VII

L'ÉPURATION AU MINISTÈRE DES POSTES

Quand on écrira l'histoire des scandales administratifs sous la troisième république, le ministère des postes aura droit à un chapitre spécial et ce chapitre sera long.

Dans aucun ministère, l'avancement n'a été soumis à des règles plus fantaisistes et les fonctionnaires n'ont plus dépendu du bon plaisir du ministre. Pliés sous un joug pesant, ils se sont révoltés un jour, quand le ministre est tombé, et l'on a vu ce spectacle étrange d'employés venant dénoncer tous les abus de leur chef, et dévoiler tous les secrets d'une administration très peu régulière.

On se rappelle, sans doute, tout cet incident, toutes ces places créées sans droit, tous ces traitements accordés contrairement aux règles, le résultat des examens méconnus, et l'avancement dû à des faveurs que le mérite ne justifiait pas.

On se rappelle aussi les circulaires très sévères adressées aux employés des postes, et les durs châtiments réservés à ceux qui n'adoraient pas la république. Pour un peu, l'on aurait conseillé aux facteurs ruraux de ne distribuer que les lettres des républicains, et de jeter dans les fossés les circulaires des conservateurs. On n'a pas été jusque-là! Nous vivons dans un siècle de liberté. Les facteurs ruraux ont continué à faire leur service honnêtement et simplement. Ce sont de braves gens.

Il est presque inutile de dire que l'épuration a sévi avec violence dans le ministère des postes. Les chiffres en font foi. De 1880 à 1886, les directeurs des postes ont été changés dans cinquante-neuf départements[1]. Les directeurs du service des bureaux ambulants ont été tous changés; il en est de même pour les inspecteurs de ces services. Les inspecteurs-ingénieurs du service technique des télégraphes sont plus heureux, la moitié ont pu conserver, en 1886, les postes qu'ils occupaient en 1880.

1. Ces cinquante-neuf directeurs changés n'ont pas tous quitté le service des postes, mais on les a changés de direction. C'est le système de la mobilisation perpétuelle joint au système de l'épuration.

VIII

LE MINISTÈRE DE L'AGRICULTURE ET LE MINISTÈRE DU COMMERCE

La république, qui a rétabli le divorce, a voulu le prononcer entre l'agriculture et le commerce, longtemps unis par des liens légitimes. Cette rupture a-t-elle profité à l'agriculture ou au commerce? Les faits sont là pour répondre.

Mais les Jacobins, heureux d'avoir créé un nombre de places considérables en séparant les deux services, ont procédé à une épuration moins absolue dans ces ministères que dans beaucoup d'autres. M. Lockroy, lui-même, ne semble pas s'être livré à des sacrifices trop sanglants de fonctionnaires. Qu'il nous pardonne cet éloge compromettant. Aussi les journaux radicaux de département sont-ils sévères pour de telles faiblesses administratives. Les commissions des haras ont été longtemps peuplées de réactionnaires. M. Bocher n'en faisait-il pas encore partie l'an dernier? Les sociétés d'agriculture, pour lesquelles on a de coupables faveurs, sont souvent présidées par des conservateurs. Un tel état de choses doit cesser. On y travaille en ce moment.

Dans beaucoup de départements, les conseils généraux radicaux refusent toute subvention aux sociétés qui n'ont pas l'honneur d'avoir à leur tête un républicain; tous les dons et tous les secours sont réservés aux comices de gauche. On a été jusqu'à repousser certains prix parce qu'ils étaient offerts par des royalistes. On en viendra bientôt à ne couronner que les bœufs et les volailles pourvus d'un certificat de républicanisme. Pourquoi ne pas étendre jusqu'aux animaux les théories sur les concours soutenues par M. le préfet de la Seine?

IX

L'ÉPURATION AU MINISTÈRE DES TRAVAUX PUBLICS

Si tout Français peut devenir fonctionnaire, et si beaucoup de Français le désirent, tout fonctionnaire n'est pas propre à faire un ingénieur ni un inspecteur des mines, et cette incapacité a défendu le ministère des travaux publics contre l'invasion de certains radicaux grands coureurs de place. Est-ce à dire que le ministère des travaux publics ait été à l'abri de l'épuration? Ce serait beaucoup s'avancer que de le prétendre. Dans l'administration centrale, comme dans les services départementaux, la manie jacobine a causé de fréquents changements. Où sont les temps, où des hommes comme M. Legrand et M. de Franqueville pouvaient consacrer au service de l'État l'ardeur laborieuse d'une longue vie? Aujourd'hui, M. de Franqueville et M. Legrand, s'ils n'étaient pas révoqués, se verraient ballotter de directions en directions. Bienheureux s'ils savaient atteindre ce long espace de deux années, sans voir leur fonction convoitée et obtenue par l'un des protégés de quelque ministre éphémère. En 1880, M. Véron-Duverger est directeur des chemins de fer; en 1882, c'est M. Picard ; en 1883, c'est M. Cendre; en 1886, c'est M. Lax.

Quels que soient les mérites de ces directeurs successifs, ce n'est pas les diminuer que d'affirmer que M. de Franqueville, en quarante années avait pu conquérir une expérience plus grande, des connaissances plus approfondies.

Si de la direction des chemins de fer on passe à la direction des routes, les observations sont les mêmes. De 1880 à 1886, le directeur de ce service a été changé quatre fois.

Quittons Paris pour la province. Combien trouvez-vous d'ingénieurs en chef occupant en 1886 le même poste qu'en 1880? Vingt-six seulement, et soixante ont été changés.

X

L'ÉPURATION AU MINISTÈRE DE L'INSTRUCTION PUBLIQUE

« La patrie, a dit Robespierre, a le droit d'élever ses enfants; elle ne peut confier ce dépôt à l'orgueil des familles ou aux préjugés des particuliers. Nous voulons que l'éducation soit commune et égale pour tous les Français. »

Depuis dix ans, on s'efforce d'appliquer cette théorie de Robespierre.

Le 25 octobre 1886, M. Goblet, ministre de l'instruction publique, disait à la Chambre :

« Nous choisissons et nous nommons les instituteurs pour élever notre jeunesse dans les principes républicains... Nous attendons d'eux des sentiments républicains, et nous leur demandons de les inculquer aux jeunes gens qu'ils seront chargés d'instruire. »

Deux jours auparavant, le rapporteur, M. Steeg, s'écriait : « On se demandera bientôt avec confusion... comment on avait pu penser un seul instant à confier le soin de préparer des citoyens à la République à des professeurs de servitude. » M. Madier de Montjau, encore plus net, avait dit, quelques années plus tôt : « Je demande qu'il soit interdit au clergé de faire de l'enseignement. »

En matière d'instruction publique, les Jacobins ont obéi à une passion peut-être encore plus violente chez eux que le désir des places ou l'appétit des traitements : la haine anti-religieuse. Cette haine, ils l'ont suivie avec ténacité, avec violence. Ils ont épuré pour remplacer et pour détruire.

Épuration l'article 7 et les décrets qui ont suivis son rejet. On frappe les congrégations pour enlever aux Jésuites leurs élèves, ruiner l'enseignement religieux. « Je bois à la destruction des phylloxeras, dit, à Auxerre, M. Paul Bert. Pour le premier, nous avons le sulfure de carbone; pour le second, l'article 7 de la loi Ferry. »

Epuration, la loi détestable et tyrannique que M. Goblet a fait voter pour renouveler la France et créer « des générations nouvelles », loi jacobine s'il en fut, qui voudrait faire du maître d'école l'apôtre attitré de la révolution, et condamner les communes à subir un enseignement qui parfois leur fait horreur.

« Cette loi portera un nom dans l'histoire, on l'appelera la loi de la laïcité [1]».

« Nous voulons enlever aux congréganistes un plan et une influence qui ne doivent pas leur appartenir [2] ». La loi « est faite contre les congrégations [3]».

Il faudrait plus d'un volume pour rappeler tous les articles de lois et tous les discours, qui font preuve de ces passions mauvaises. Le but est toujours le même, et les moyens se ressemblent. Supprimer toute liberté, toute foi vivante, toute action indépendante et originale, imposer à tous les Français des dogmes prêchés par l'État et rédigés par ses ministres, couler l'âme de la France dans un moule unfiorme et étroit. C'est là l'idéal rêvé.

1. M. Compayré à la Chambre, 19 octobre 1886.
2. M. Steeg, à la Chambre, 23 octobre 1886.
3. M. Buisson, commissaire du gouvernement.

Ce que sont ces dogmes, cette théologie jacobine, cette religion d'Etat, M. Goblet l'a dit au Sénat, dans ses attaques passionées contre le christianisme. Quel que soit le talent de M. Goblet, je préfère encore la Bible à tous ses discours.

Il ne faudrait pourtant pas croire que le désir d'obtenir des places n'entre pour beaucoup dans cette campagne contre toute une partie du personnel enseignant. On a tellement surexcité les imaginations par le tableau enchanteur des avantages promis aux instituteurs laïques, que le nombre des candidats pour les postes vacants a augmenté dans des proportions anormales et inquiétantes.

A la fin de décembre 1886, les relevés officiels fournis par l'administration au conseil municipal de Paris constatent que sept mille quatorze postulants et postulantes, admissibles aux emplois d'instituteurs et d'institutrices, demandaient en vain une place qu'on ne pouvait leur accorder, la moyenne normale des admissions était de cent vingt environ pour le département de la Seine. « Cette situation n'est pas spéciale à Paris, » disait le *Journal des Débats*, [1] « elle est partout la même ; dans les départements,

1. *Journal des Débats*, 28 décembre 1886.

plus de vingt mille candidats attendent encore leur nomination. »

Il faut faire place à ces candidats, à beaucoup d'entre eux du moins, car on ne les casera jamais tous, et quelles que soient les lois contre les congréganistes, les vengeances exercées contre des instituteurs laïques conservateurs, il en restera des milliers, parmi ces postulants, qui n'obtiendront jamais satisfaction, malheureux déclassés que le travail manuel effraye et repousse; bataillons tout formés pour la prochaine Commune ou l'émeute de demain.

Ce ne sont pas seulement les instituteurs qu'on épure; les postes plus relevés, dépendant du ministère de l'instruction publique, ne mettent pas à l'abri des compétiteurs. Sur les seize recteurs d'académie que compte la France, huit seulement conservent, en 1886. le poste qu'ils occupaient en 1880; deux ont changé de résidence, six ont été remplacés. Les inspecteurs d'académie ont été soumis à des mutations plus fréquentes encore. En six ans, trois sur six sont changés dans la circonscription de Caen, six sur huit dans la circonscription de Poitiers, sept sur huit à Toulouse, trois sur trois à Besançon, six sur six à Clermont.

Les inspecteurs de l'instruction primaire ne trouvent pas plus de stabilité. Dans l'académie de Caen dix-huit sur trente-six sont changés; treize sur vingt-deux dans celle de Grenoble; dans celle d'Aix vingt sur vingt-trois, sauf erreur.

Si le mouvement des voyageurs en France avait quelque tendance à se ralentir, il suffirait des fonctionnaires pour l'animer.

Ces changements si fréquents, qu'ils soient causés par des révocations, des mises à la retraite ou des mutations, ont de très graves conséquences. Les modestes instituteurs, trompés sans cesse par les promesses irréalisables des républicains, ont besoin d'être soutenus, d'être encouragés par leurs chefs. Il faut qu'ils aient confiance en eux. Mais quelle confiance peut-il exister entre gens qui ne font que s'entrevoir et qui vivent sous le régime de la délation. La république compte trop sur la peur pour rendre ses serviteurs fidèles. La peur donne des fonctionnaires obéissants, elle ne donne pas de bons fonctionnaires.

XI

L'ÉPURATION AU MINISTÈRE DES CULTES

Le ministère des cultes a eu en France une existence très accidentée. Successivement réuni au ministère de l'intérieur, au ministère de la justice, au ministère de l'instruction publique, il a passé parfois après les beaux-arts dans les énumérations officielles. On l'a vu dirigé par des hommes, qui avaient inscrit dans leur programme la séparation de l'Église et de l'État, et les mesures contre les cultes ont été souvent signées par le ministre des cultes même. Il serait trop long d'énumérer toutes ces mesures, persécutions mesquines et brutales dirigées contre d'humbles curés de campagne, vexations de tout genre infligées à des prêtres respectés par de petits tyrans de village que l'administration protège et soutient. Mais il est deux sortes de faits qu'on ne saurait passer sous silence parce qu'ils rentrent dans la théorie de l'épuration : la suppression des traitements, la suppression des vicaires.

La suppression des traitements, c'est l'épuration par la faim. « Juste châtiment, disent les républicains. Le clergé nous fait la guerre, il combat nos candidats, il prétend nous rendre les coups que nous lui portons. Il est persécuté, il veut se défendre, c'est contraire à l'esprit du christianisme. » Pour apprendre au clergé la charité chrétienne, on lui enlève les moyens de vivre. On parle volontiers des ressources cachées, des prêtres, du casuel, des honoraires de messes ; dans la plupart des paroisses, ces ressources atteignent un chiffre dérisoire ; les ecclésiastiques français sont pauvres, leur traitement n'a pas varié depuis quatre-vingts ans, et c'est bien la faim qui attend les malheureux desservants frappés. Ils sont nombreux.

Les préfets n'ont garde de laisser ignorer les motifs de ce châtiment ; ils veulent bien indiquer aussi les moyens de le faire cesser. Un peu plus d'enthousiasme dans le chant du *Domine, salvam fac Rempublicam*, quelques bons services rendus aux candidats radicaux, quelques actes de contrition pour les fautes passées, et les fautes peuvent être oubliées. La République ne refuse pas aux pénitents sinon ses faveurs, du moins sa pitié.

Belles promesses assurément, mais promesses trompeuses. C'est compter sans les comités radicaux. Au mois d'octobre 1886, le bruit se répand dans le Puy-de-Dôme que les desservants frappés vont recouvrer leurs traitements. Les républicains d'Issoire et de Clermont-Ferrand s'agitent. Ils préviennent leurs députés. Les députés se rendent en corps auprès du ministre ; ils lui exposent les faits dans toute leur horreur : la réaction triomphe, le cléricalisme relève la tête. On accuse M. Goblet d'avoir été à Canossa. M. Goblet n'a pas été à Canossa, et sa conscience ne lui reproche aucun acte de faiblesse vis-à-vis du pape. Il rassure les députés qui l'interrogent, ses intentions sont pures et sa conduite est radicale. On dresse de ces déclarations un procès-verbal solennel ; ce procès-verbal est soumis aux républicains auvergnats, Clermont se calme et Issoire est consolé.

Ce qui se passe dans le Puy-de-Dôme n'est qu'un exemple, on pourrait en citer bien d'autres. Seuls les départements où une élection doit avoir lieu sont épargnés. Si l'Ille-et-Vilaine ne perd qu'une partie de ses vicariats, c'est que M. Le Hérissé, candidat radical, ne veut pas froisser les curés. Et l'on s'est bien gardé de procéder avant les élections de 1885 à l'épuration des vicaires ; mais le printemps de 1886 voit des hécatombes. Le nombre des vicaires rétribués par l'État est réduit de neuf mille deux cent soixante-quatre à sept mille. Ce sont les chiffres officiels fournis par M. Goblet. Dans le seul diocèse d'Angers, quatre-vingt-deux vicariats sont supprimés.

Est-il besoin de rappeler que, tandis qu'on traite ainsi les vicaires, le nombre des fonctionnaires de tout ordre augmente dans d'énormes proportions? Mais ne sait-on pas que les catholiques sont hors la loi? C'est un républicain, M. Ducoudray, qui le déclare, et M. Lockroy ne s'est-il pas étonné de « voir payer des deniers des contribuables la guerre que le parti ultramontain fait à nos institutions, à la République, et, je puis le dire, à la France[1] »?

Tout cela est bien, mais cela ne suffit pas, et l'épuration n'est pas complète, et l'on a recours à d'autres procédés, soit avoués, soit hypocrites. Ce n'est pas tout que de supprimer les vicaires, il faut arrêter leur recrutement. On raye du budget le chapitre destiné aux bourses des séminaires. Les pauvres n'auront plus le droit d'aspirer au service de Dieu; pour les en éloigner davantage, on veut maintenant astreindre les prêtres au service des armes. L'éducation de la caserne remplacera toute préparation aux saints ordres, et c'est par le maniement du

1. Discours de M. Lockroy du 19 mai 1879.

sabre et du fusil qu'on veut apprendre à remplir un ministère de paix et de charité.

A côté de ces grandes mesures exécutées déjà ou votées par la Chambre, faut-il rappeler « ce petit contingent de vilenies » que chaque session a apporté, suivant l'énergique expression de M. Jules Simon?

C'est la réduction du traitement des évêques et des archevêques, c'est la suppression de l'indemnité des cardinaux, c'est la destruction du chapitre de Saint-Denis et des maîtrises, c'est l'abrogation de la loi sur les aumôniers de l'armée, c'est la suppression des aumôniers dans les hôpitaux de Paris.

Que d'actes odieux et qui mériteraient d'être relevés et d'être flétris en détail !

Comme on épure les aumôniers, on épure le conseil supérieur de l'instruction publique.

« La loi nouvelle, dit M. Chalamet, rapporteur de la Chambre des députés, se distingue par trois caractères principaux : 1° et 2° exclusion des ministres du culte et de ceux qui sont censés représenter les grands intérêts sociaux[1] ».

On épure aussi les commissions administratives des hospices et des bureaux de bienfai-

1. Loi des 27-28 février 1880.

sance, en y supprimant la présence des ministres des différents cultes[1].

Emportés par un si beau zèle, certains maires exigent l'épuration de la charité même. A Carentan, à Charleville, ailleurs encore, ils réclament au nom des lois existantes le monopole de la charité publique pour les bureaux de bienfaisance municipaux, et le Conseil d'Etat, quoique épuré déjà, se voit contraint de déclarer que jamais les lois n'ont établi de restrictions à la liberté de bienfaisance.

Il n'est pas de petites mesures de persécution que n'ait inventées l'esprit fertile de nos Jacobins. Ils entrent dans tous les détails et touchent à tous les sujets. Les sonneurs de cloches et les chantres d'église eux-mêmes faisaient partie de l'organisation cléricale; ils veulent en rendre le recrutement plus difficile et défendent aux maîtres d'école d'accepter ces fonctions modestes.

Ai-je besoin d'ajouter que les catholiques ne sont pas seuls en cause, que l'Église protestante est frappée, elle aussi, qu'on lui enlève ses droits et ses libertés? Les bourses des séminaires sont retirées aux protestants comme aux catholiques; le crédit annuel pour créer des paroisses

1. Loi des 5-7 août 1879.

nouvelles et visiter les disséminés est supprimé; les consistoires perdent le droit de présenter des candidats aux fonctions d'instituteur; les conseils presbytéraux et les consistoires perdent le droit de recevoir des legs pour les pauvres, pour les écoles, pour les hôpitaux; les pasteurs perdent l'indemnité de logement qui leur était assurée à défaut de presbytères[1]!

On raconte que, dans l'une des premières séances de la Commune de Paris, un membre se leva et dit : « Nommez-moi ministre des cultes » et comme l'on se récriait : « Entendez-moi bien, je veux être ministre de la destruction des cultes. » Cette destruction, la Commune de Paris s'y employait en fusillant les prêtres et en détruisant les églises. Aujourd'hui l'on se contente de persécuter et de désaffecter.

On affecte aussi d'ignorer. C'est une autre forme de l'épuration. Je ne sais quel député parlait de Dieu devant la Chambre, il y a un an. M. de Mortillet, maire de Saint-Germain et

1. Toutes ces mesures contre l'Église protestante sont indiquées avec une grande netteté dans l'appel adressé par les protestants conservateurs du Gard à leurs coreligionnaires, à l'occasion des élections du 4 octobre 1885. Cette pièce remarquable a été reproduite par M. Jules de Seynes dans une intéressante brochure : *Souvenirs d'une lutte électorale dans le Gard*, Nîmes, 1885.

représentant radical de Seine-et-Oise, l'interrompit : « Qu'est-ce que Dieu? » Le maire de Saint-Germain ne connaît pas Dieu ! Dieu est vraiment bien à plaindre.

XII

L'ÉPURATION AUX MINISTÈRES DES AFFAIRES ÉTRANGÈRES, DE LA GUERRE ET DE LA MARINE.

En finissant ce triste tableau, l'on voudrait pouvoir constater pour l'honneur de la République que cette rage de l'épuration, que cette passion pour les places ont des limites, que l'intérêt national, le soin de la défense du pays, la dignité de la France ont imposé des bornes aux appétits coupables comme aux mesquines vengeances, que le ministère de la guerre, le ministère de la marine, le ministère des affaires étrangères ont été à l'abri de ces égarements.

Ce serait mal connaître le parti qui nous gouverne et lui faire un honneur immérité. L'avenir, la grandeur de la France doivent passer après la fortune des Jacobins. Une monarchie peut avoir une politique étrangère, des alliances assurées, un système qui ne varie pas avec les ministres ; une république gouvernée par des Jacobins ne peut vivre qu'au jour le jour; les longs desseins et les vastes pensées lui sont interdits.

Peut-on même dire sous un tel régime qu'un homme d'État ait une politique? M. de Freycinet était-il le même, il y a sept ans et l'an dernier; le ministre des affaires étrangères tenait-il un même langage en 1880 qu'en 1886, se servait-il des mêmes agents?

Où sont les hommes dont l'expérience puisse non s'égaler, mais se comparer à celle de M. Desages, directeur des affaires politiques de 1831 à 1848? Où sont les directeurs des affaires commerciales tels que M. Herbet ou M. Meurand?

Quels que soient les mérites des hommes d'aujourd'hui, comment pourraient-ils acquérir quelque connaissance des affaires, où prendraient-ils la valeur que le temps seul peut donner? Ils restent un an, deux ans parfois dans les fonctions que leur donne la faveur d'un ministre et qu'ils doivent céder aux protégés de son successeur.

M. de Freycinet a-t-il en 1886 le même directeur des affaires politiques, le même directeur des affaires commerciales qu'en 1880? Il n'oserait. De 1880 à 1886, ce poste délicat, s'il en fut, passe de mains en mains ; M. de Courcel, M. Billot, M. Decrais, M. Charmes, s'y succèdent rapidement. J'en oublie, sans doute.

Et ce qui est vrai pour les directeurs des ministères l'est plus encore pour les représentants de la France à l'étranger, tandis que l'Angleterre garde à Paris lord Lyons, que la Belgique conserve le baron Beyens, nos diplomates improvisés semblent condamnés à gagner le prix de la course en changeant tous les six mois de résidence, et l'art de la diplomatie paraît se résumer pour eux en l'art de faire le tour du monde en quatre-vingts jours. De 1880 à 1886, la transformation est complète.

A Londres, à Berlin, à Vienne, à Saint-Pétersbourg, à Rome, à Lisbonne, à Constantinople, à Madrid, à Bruxelles, à La Haye, nos ambassadeurs ou nos ministres ne sont plus les mêmes.

Ici encore, et quel que soit le mérite propre de nos agents, quelles peuvent être leur action et leur utilité dans des pays où ils sont inconnus, dont ils ne savent peut-être ni la langue, ni les usages, ni l'histoire. Représentants d'une politique indécise et d'un gouvernement révolutionnaire, jetés avec des armes inégales au milieu des envoyés de monarchies séculaires, qui poursuivent avec patience et résolution des desseins qui ne varient pas.

Ce n'est pas seulement au ministère des affaires étrangères que l'épuration produit ses tristes effets. Le ministère de la guerre n'est pas épargné. L'armée, que tout bon Français devrait maintenir en dehors des luttes politiques, n'est pas à l'abri des calculs et des rancunes des Jacobins.

Au ministère de la guerre comme dans tous les autres, les directeurs ne font que passer. Prenez leur tableau en 1880 et en 1886. Le chef d'état-major général, le directeur du contrôle, le directeur des services administratifs, les directeurs de l'infanterie, de la cavalerie, de l'artillerie et du génie ne sont plus les mêmes.

Les chefs de corps sont-ils plus heureux ?

Dès le mois de janvier 1879, l'épuration les atteignait ; le maréchal de Mac-Mahon, président de la République, donnait sa démission plutôt que de « souscrire à des mesures contraires aux intérêts de l'armée et par suite à ceux du pays ».

De 1880 à 1886, l'épuration a continué ; épuration plus politique que militaire.

Le général de Galliffet est remplacé et beaucoup d'autres avec lui. Des dix-neuf commandants de corps d'armée en 1880, il n'en reste que six en 1886 ; mais la République a eu des sympathies et des faiblesses pour d'autres soldats. « Qu'un général comme le général Thibaudin ou le général Millot fasse une profession de foi républicaine, aussitôt on le porte aux nues, aussitôt on exige que le gouvernement lui donne les plus grandes charges. L'un désorganise notre armée, l'autre conduit en aveugle nos soldats dans un guet-apens, où ils tombent en grand nombre ; peu importe, pourvu que la République appartienne aux républicains. »

Les chefs de corps ne sont pas seuls frappés. En mars 1880, le général Farre épure l'armée territoriale [2]; en janvier 1886, le général Boulanger, pour obéir aux injonctions radicales, punit des régiments tout entiers par leur changement de garnison, et menace les officiers qui n'ont pas compris « les leçons de la science et de l'histoire » d'être « abandonnés sur la route du progrès comme inutiles et gênants ».

Pour rester dans la route du progrès, on interdit aux Français de servir la France. Le prince

1. Charmes : *Nos Fautes*, p. 242.

2. Le général Farre répond à une question sur les épurations pratiquées par lui, en déclarant qu'un officier « ne peut attaquer le principe du gouvernement, sans être criminel au premier degré. Comment ce qui est un crime dans l'armée active serait-il licite dans l'armée territoriale? »

Napoléon écrit-il un manifeste, on s'en venge sur le duc d'Aumale. Le Sénat refuse-t-il de voter des lois d'exil, on met les Princes de la Maison de France en non-activité par retrait d'emploi. La République a-t-elle peur, on ferme l'entrée des armées de terre et de mer aux membres des familles ayant régné en France. Et le caprice d'un ministre sans scrupules fait rayer des contrôles « des hommes sans reproches, honorés par leur service et par un dévouement légendaire à la patrie ».

On fabrique des lois d'exception. On viole les lois existantes.

M. le ministre de la guerre prend devant les Chambres l'engagement de ne pas soulever l'exception d'incompétence sur le pourvoi des Princes devant le Conseil d'Etat; il oublie cet engagement comme beaucoup d'autres.

Il oublie aussi les traditions glorieuses et respectées de nos grandes écoles nationales; Polytechnique et Saint-Cyr ne trouvent pas grâce devant lui, il les attaque, il les dénigre : institutions rétrogrades, restes d'un autre âge que la démocratie doit épurer.

C'est aussi pour les épurer qu'un républicain bien connu, M. Burdeau[1], veut en fermer l'entrée

1. M. Goblet lui-même trouva les théories de M. Burdeau

à toute une classe de citoyens. Les élèves français des Jésuites français de Jersey ne sont plus que des étrangers pour M. Burdeau. N'en viendra-t-on pas bientôt à déclarer que pour être Français il faut être républicain?

Triste spectacle et tristes exemples!

N'est-il pas humiliant de voir dans un siècle qu'on dit éclairé des hommes qui se disent libéraux recourir à des moyens aussi méprisables pour faire la guerre à leurs adversaires politiques?

Quand il s'agit de la France, de son armée, de la défense nationale, que deviennent les luttes de parti? N'a-t-on pas vu des conservateurs mourir pour la France sous la république et des républicains combattre glorieusement pour leur patrie sous la monarchie?

Et de tous les crimes qu'ont commis les Jacobins modernes, le plus odieux et le plus honteux, c'est d'avoir voulu transformer l'armée de la nation en l'armée d'un parti[1]!

trop avancées, et l'on se rappelle l'improvisation éloquente et indignée de M. Paul de Cassagnac en réponse à de si étranges prétentions.

1. Le ministère de la marine n'a pas été à l'abri de l'épuration républicaine : les chefs de service ayant changé sans cesse, le prince de Joinville a été frappé comme le duc d'Aumale, les ministres divers qui se sont succédé ont souvent travaillé à détruire l'œuvre de leurs prédé-

XIII

L'ÉPURATION DES DÉPUTÉS, DES NOTAIRES, DES RUES DE PARIS ET DES HOPITAUX

Ce ne sont pas seulement les ministres ou les fonctionnaires qu'on épure. Toute personne ou toute chose dont le parti dominant peut se plaindre, ou bien qu'il peut craindre, est soumise à l'épuration. Il n'est pas de place si modeste qu'elle paraisse qui ne soit convoitée par les Jacobins ; il n'est pas de souvenir historique ou de monument qui ne soit exposé aux colères de ces modernes iconoclastes.

On épure les députés conservateurs, on épure les congrégations religieuses, on épure les maires, on épure les notaires, on épure les rues de Paris, on épure la Chapelle expiatoire, on épure le mobilier scolaire, on épure les livres d'école.

cesseurs ; mais cependant la marine a peut-être été moins bouleversée que beaucoup d'autres administrations.

Un long volume ne suffirait pas à raconter le détail de ces exécutions si diverses; il est bon pourtant d'en rappeler quelques traits, et d'en montrer le caractère.

De l'épuration des maires, des députés, des congrégations, je ne veux rien dire en ce moment : ce sont des questions politiques, purement politiques, la violation flagrante des droits et des libertés, l'application logique des principes jacobins poussés à l'extrême.

Mais faire une question gouvernementale de la nomination des huissiers ou des notaires, n'est-ce pas joindre le ridicule à l'odieux?

Le 5 mars 1887, le ministre de la justice refuse de soumettre à l'approbation du président de la République la nomination de M. René Baudin comme successeur de M. Jousse, notaire aux Essarts. M. Baudin n'est pas républicain, et s'est opposé à l'élection de je ne sais quel candidat officiel.

Le 11 mars 1886, le tribunal de Vire (Calvados), réuni en assemblée générale, est d'avis qu'il n'y a pas lieu d'admettre le sieur Bailleul aux fonctions d'huissier, « attendu qu'il résulte que son attitude est des plus hostiles au gouvernement actuel, et qu'il se vante hautement de ses opinions réactionnaires », et « qu'à une époque pour ainsi dire concomitante de son traité il a fait une propagande active en faveur des candidats antirépublicains ».

Le 7 octobre 1886, des conseillers municipaux d'Agen (Lot-et-Garonne) protestent dans une lettre rendue publique contre la nomination comme directeur des magasins généraux de la ville de M. Rigal, « dont les opinions réactionnaires sont notoirement connues ».

Au mois d'avril ou de mai 1885, M. de Mortillet, maire de Saint-Germain (Seine-et-Oise), excommunie laïquement un serrurier de Saint-Germain, lui enlève la fourniture de la ville, le déclare inadmissible « pour toutes les adjudications à venir » parce qu'il a refusé d'enlever une croix métallique sur la porte d'un cimetière.

Qu'ajouter à de tels faits publiquement constatés? Quelle excuse invoquer pour de tels exemples d'arbitraire et d'injustice? L'injustice est parfois plus grande encore. Le résultat des concours n'est pas plus respecté que les usages ou la raison. On ne peut être serrurier de Saint-Germain qu'en étant athée, on ne peut être chimiste au laboratoire de la ville de Paris qu'en montrant patte rouge. Lors du concours ouvert pour cette place, M. Georges Forel a passé le second sur quatre candidats admis ; ses examinateurs l'ont reçu avec éloge, il attend sa nomination ; on la lui refuse : « Nous ne sommes pas suffisamment édifiés sur vos opinions politiques. » L'un des conseillers municipaux de Paris, M. Cochin, s'étonne de cette injustice. Le préfet de police lui répond : « L'administration ne peut fournir des situations et quelquefois le pain à des hommes disposés à la trahir. » M. Chautemps s'écrie « qu'il y aurait de très graves inconvénients à confier ce service à un ennemi de la République ». M. Hamel, imbu de la saine doctrine jacobine, conclut la discussion en ces termes : « Le concours ne garantit rien. Il n'exclut ni le choix ni les préférences ; c'est sur ce terrain qu'il faut se tenir, si l'on ne veut pas s'exposer à voir envahir toutes les places de la République par la réaction. »

Pauvre République, dont la vie peut dépendre de la nominatien d'un chimiste ! Pauvres Jacobins, trop incapables pour l'emporter jamais dans les concours !

Est-il besoin de rappeler, pour expliquer cet incident, le cas de M. Hude, député radical et marchand de vin, excipant au mois de février dernier de son inviolabilité parlementaire, pour empêcher les employés du Laboratoire de vérifier la qualité du vin contenu dans ses entrepôts [1] ! Les Jacobins ont toujours aimé les privilèges. C'en est un que d'empoisonner impunément ses électeurs[1]. Le jour même où M. le préfet de police se montrait si dur pour les chimistes réactionnaires, il faisait preuve d'une étrange indulgence pour les filles de brasseries suspectes; aux plaintes d'un républicain, le docteur Després, il répondit « qu'il serait regrettable d'en arriver à interdire l'emploi des femmes dans les brasseries, les emplois dont les femmes disposent n'étant pas trop nombreux ». « C'est se moquer des gens, déclare le *Journal des Débats*. Comme si le devoir de l'administration était de développer la prostitution, sous prétexte que cette branche d'industrie est aussi digne que les autres d'être encouragée. »

Il est d'autres femmes, des saintes il est vrai, dont le gouvernement ne sait pas protéger les droits, et que le parti jacobin attaque sans merci. L'épuration des sœurs de charité, la laïcisation des hôpitaux est une des mesures que le conseil municipal de Paris poursuit avec le plus d'acharnement, le plus de haine, le plus de sottise.

La sœur de charité coûte à l'État ou à la ville 200 fr. par an, l'infirmière laïque coûte 600 fr.,

1. Le scandale était si éclatant que le conseil municipal de Paris lui-même vota à l'unanimité l'ordre du jour « blâmant le préfet de police et le parquet d'avoir suspendu l'effet de procès-verbaux de prélèvements contre un député accusé de falsification de boisson ». (Séance du 16 février 1887.)

sans la nourriture séparée, sans le logement isolé ; la sœur de charité fait maigre, elle ne boit pas de vin, l'infirmière laïque n'imite pas cette abstinence, et le budget de l'assistance publique se trouve grevé actuellement d'une augmentation de 160,000 francs, pour le vin des infirmières et surveillants ; la sœur de charité est seule au monde, elle ne songe qu'à Dieu et à ceux qu'elle soigne ; l'infirmière laïque a une famille, des enfants, des intérêts de toute sorte, et les aliments, les médicaments, les secours changent parfois de destination ; la sœur de charité est toujours là, sa vie n'est pas à elle, son temps ne lui appartient pas ; l'infirmière laïque s'absente, elle s'amuse, et les accidents les plus graves sont causés par de déplorables négligences. Tels sont les faits, ils sont indéniables. L'on augmente, chaque année, les sommes affectées aux hospices et aux asiles, et l'on ne crée pas un hôpital nouveau, pas un lit dans un hôpital, mais l'on crée des places nouvelles, et on laïcise. Ici encore, la passion jacobine s'accorde avec l'intérêt jacobin pour contrarier l'intérêt public. On laïcise, malgré la volonté formelle des fondateurs, dont les héritiers se voyent forcés de protester, malgré les déclarations répétées des médecins et chirurgiens les plus compétents, catholiques ou protestants, juifs ou incrédules, qui s'élèvent contre les procédés administratifs ; malgré les discours éloquents prononcés au conseil municipal par M. le docteur Després, républicain et libre-penseur, mais libéral avant tout[1]. On laïcise malgré le vœu clairement exprimé des malades et des vieillards qui, à Paris comme à Auxerre, demandent le maintien des religieuses, malgré l'augmentation constante de charges causée par ces perpétuels changements.

La laïcisation de l'hôpital Cochin entraîne sur un capital de 138,000 francs, un surcroît annuel de 18,000 francs. La laïcisation d'Ivry a coûté 300,000 francs en capital, et 45,000 francs de revenu, juste de quoi entretenir cent malades de plus dans l'hospice. L'entretien des malades par les sœurs revenait par jour à 1 fr. 60, par an à 600 francs ; l'entretien des malades par les laïques s'élève, par jour, à 2 fr. 05, par an, à 900 francs.

Mais qu'importe aux Jacobins ? Doit-on s'arrêter devant de tels détails ? La passion antireligieuse connaît-elle des bornes ? Ne faut-il pas créer des places pour les femmes et pour les filles des électeurs radicaux ? La laïcisation se poursuit sans merci, les enfants pas plus que les

1. Le docteur Després a publié un intéressant volume sur *Les Sœurs hospitalières*.

vieillards ne sont épargnés; on chasse les sœurs de l'hôpital Trousseau, que déjà, pourtant, l'on avait épuré, en lui enlevant le nom de la souveraine qui l'avait fondé! Car les noms même sont épurés, les noms des hommes et les noms des rues, l'histoire de Paris comme l'histoire de France.

Le 10 juin 1886, M. Beauquier, député du Doubs, dépose sur le bureau de la Chambre un projet de loi punissant d'une amende de 500 à 10,000 francs tous officiers ministériels ou de l'état civil, tous juges, tous ecclésiastiques et en général tous fonctionnaires qui auront dans un acte public ou officiel attribué à un citoyen français un titre nobiliaire. Dans la plupart des mairies de Paris, on refuse d'inscrire les titres sur les actes de l'état civil.

Les rues de Paris sont soumises à un régime encore plus radical. On les laïcise. « La laïcisation de nos rues est une œuvre déjà largement commencée, mais qui doit être achevée, » écrit dans un rapport au conseil municipal M. Mesureur, l'une des lumières du parti jacobin. Laïciser les rues, « c'est effacer les noms de saints et de saintes encore trop nombreux dans notre nomenclature, » c'est aussi supprimer tous les souvenirs, toutes les gloires de la vieille France.

D'autres rues sont épurées pour des motifs moins politiques. M. Mesureur demande la suppression de la rue des Coucous, « les habitants déclarent qu'ils sont en butte aux quolibets et facéties du public ».

L'épuration ne porte pas seulement sur les noms, et les monuments sont frappés après les rues. L'église Sainte-Geneviève est désaffectée par décret du 26 mai 1885 ; Victor Hugo l'emporte sur la patronne de Paris et le chantre de la *Légende des Siècles* est égalé à Marat par un décret de M. Grévy. Après les églises, les presbytères. Le 12 novembre 1886, le conseil municipal de Paris prend une délibération invitant le gouvernement à désaffecter les trente-trois presbytères appartenant à la ville. Pourquoi les prêtres ne payeraient-ils pas patentes, déclare un conseiller municipal, ne sont-ils pas « marchands de prières »?

On ne s'arrête pas en si beau chemin. La Commune de Paris avait décrété l'épuration de la colonne Vendôme, de la chapelle de Bréa et de la Chapelle expiatoire, « insulte permanente à la première Révolution et protestation perpétuelle de la réaction contre la justice du peuple. »

Le 22 avril 1887, le conseil municipal de Paris délibère : « Article 1er. Le monument dit Chapelle expiatoire sera détruit. » « C'est une injure pour la population parisienne, la Révolution et la République, » dit le rapporteur. Un membre s'écrie : « Nous voulons délivrer la ville d'une honte pour les républicains. »

On ne débarrasse pas si aisément l'histoire des hontes républicaines.

Le conseil municipal ne sait-il à quoi s'attaquer dans sa rage d'épuration, le gouvernement lui vient en aide et le dépasse dans sa servile imitation de la Commune. Le 12 mai 1871, l'*Officiel* de la Commune ordonnait aux instituteurs de faire « disparaître les crucifix, madones et autres symboles dont la présence offense la liberté de conscience ». Le 2 novembre 1882, M. Duvaux, ministre de l'instruction publique, ordonne aux préfets, par une circulaire, de n'admettre aucun emblème dans les écoles qu'on bâtit à l'avenir et leur laisse toute latitude pour supprimer les crucifix.

M. Hérold, préfet de la Seine, fait procéder à l'enlèvement des crucifix dans les écoles de la ville de Paris ; c'est un mobilier scolaire qu'il transporte dans des charrettes et dépose au garde-meuble.

Dans la Gironde, un instituteur jaloux de se distinguer brise un crucifix et en jette les débris au milieu d'ordures, « acte inqualifiable, » a déclaré M. Goblet lui-même. Le gouvernement avait-il le droit de se montrer trop sévère pour un malheureux qui croyait se mettre bien en cour?

On n'excite pas en vain les haines, les convoitises, les passions mauvaises; on devient responsable des crimes et des excès commis au nom des doctrines que l'on propage.

Faut-il rappeler d'autres incidents encore de la grande guerre entreprise au nom de l'État par les Jacobins, tant de croix renversées, tant de mesures vexatoires, tant d'abus de tout genre; la persécution et l'épuration s'étendant jusqu'aux livres, le conseil municipal de Paris proscrivant certains auteurs pour avoir parlé de Dieu, d'autres pour être spiritualistes, celui-ci pour ne pas assez estimer Lucrèce, celui-là pour insinuer que Diderot est parfois cynique, Victor Hugo lui-même, qui a trop bien parlé de son créateur, et l'histoire naturelle de Montmahon, qui qualifie les singes de quadrumanes, « erreur voulue faite dans le but de séparer l'homme du reste des primates »? Faut-il montrer le conseil municipal de Saint-Ouen, jaloux de venger les singes des injures des réactionnaires, distribuant aux enfants des livres de prix, où le mariage est dénoncé comme immoral, où l'union libre est recommandée, où l'enfantement est décrit dans des termes qui eussent fait rougir

Diderot lui-même, œuvres de Vallès et de Marouck, de Louise Michel et de Blanqui ; œuvres de socialisme pur, déclare M. le maire de Saint-Ouen.

Je ne sais quel homme d'esprit disait un jour: « Ce qui me console, c'est la bêtise de mes adversaires. » A ce titre, les conservateurs doivent être bien souvent consolés.

XIV

LES PLACES NOUVELLES

Depuis dix ans, la République a consommé plus de fonctionnaires que trois ou quatre gouvernements monarchiques; l'épuration a été constante, mais l'épuration ne suffit pas. Dans cette grande chasse aux fonctions rétribuées qui constitue le caractère même du régime actuel, il y a toujours des mécontents. Les Jacobins d'en bas se plaignent, les communeux sont mal partagés. Ne sont-ils pas tous propres à devenir fonctionnaires, puisqu'ils désirent tous émarger au budget?

Chaque élection nouvelle crée des besoins nouveaux, excite des appétits redoutables; d'autres députés deviennent puissants qui ont d'autres agents à récompenser, et l'on entend la voix menaçante des petits Jacobins subalternes, accourus pour la curée du fond même de leur province.

Cette voix, il faut l'écouter. Il faut des places. Qu'est-ce à dire, on crée des places nouvelles. N'est-ce pas la tradition de la Convention?

Prenons l'état des employés dans les ministères en 1876 et en 1886. Où sont les suppressions promises? Dans une seule direction, celle des cultes, le nombre des employés est resté le même; partout ailleurs il a augmenté et doublé parfois.

En 1876, les bureaux de l'administration au ministère de l'instruction publique comptaient cent trente-trois employés touchant 484,000 fr., ils en ont aujourd'hui deux cent soixante-treize touchant 948,000 fr. Au ministère de l'agriculture, l'on trouve quatre-vingts nouveaux employés, y compris les chefs de bureau; le salaire des gens de service est plus que du double. En 1875, les dépenses relatives à l'administration centrale du ministère de l'agriculture et du commerce étaient de 710,000 francs; aujourd'hui les dépenses relatives à l'administration centrale du ministère du commerce et du ministère de l'agriculture se montent à 1,800,000 fr. En 1876, le ministre des travaux publics ne comptait que deux fonctionnaires dans son cabinet; en 1886, il en a quatorze. En 1875, le personnel et le matériel des administrations centrales étaient portés au budget pour une somme de 10 millions; en 1886, la somme inscrite est de 19 millions. Depuis dix ans, il a été créé dans les bureaux des ministères dix nouveaux directeurs, dix-neuf sous-directeurs, dix chefs de division, trente et un chefs de bureau et soixante-quatorze sous-chefs[1] ! Dans la direction des manufactures de l'État on trouve quinze chefs pour vingt-deux employés, à l'enregistrement seize chefs pour quarante-deux employés, à l'agriculture trente-un chefs pour soixante-

1. Voir les articles publiés dans la *Revue des Deux-Mondes* par M. Cucheval-Clarigny, les 15 septembre 1886 et 1887. Dans un pays qui comme la France se laisse parfois tomber entre les mains des radicaux, la loi devrait interdire aux ministres la création de places nouvelles. M. Cucheval-Clarigny cite, avec raison, l'exemple de l'Italie, où le nombre des employés et le traitement qu'ils reçoivent a été fixé par une loi organique. Il faut une loi nouvelle pour permettre à un ministre de rien changer à l'organisation établie.

Voir aussi un article des *Débats* du 29 novembre 1886, qui déclare que « les frais du matériel ont triplé, quadruplé et même quintuplé, selon les ministères ».

deux employés, au commerce trente-sept chefs pour soixante-douze employés.

Si du détail on passe à l'ensemble, la conclusion n'est pas moins frappante. En dix ans les dépenses du personnel administratif en France se sont accrues de cent millions. Pendant la même période, les excédents budgétaires ont fait place aux déficits. La France est-elle mieux gouvernée, l'instruction publique mieux dirigé, l'agriculture plus prospère?

Et ce n'est pas seulement en créant des places nouvelles qu'on réussit à satisfaire l'insatiable appétit des quémandeurs, c'est aussi en multipliant les retraites anticipées; le but est le même, le procédé seul diffère et les finances sont encore grevées.

Un employé sert son pays depuis vingt-cinq ans; cinq ans encore et les trente années exigées pour sa retraite seront accomplies. Cette retraite est la récompense de ses travaux et la conséquence d'un contrat qu'il a passé avec l'Etat. La place qu'il occupe est convoitée. Le protégé, le parent d'un ministre ou d'un député le désire. On appelle l'employé, on lui propose un marché, bien plus, on lui donne un ordre. Qu'il s'en aille volontairement, qu'il abandonne le poste envié, on lui saura gré de ses bons offices, on établira en sa faveur une retraite proportionnelle, basée sur ses services passés; mais, s'il persiste, s'il s'obstine à vouloir rester pour toucher sa retraite entière, la mise en disponibilité lui apprendra quels sont ses devoirs, il n'obtiendra qu'une allocation inférieure à la somme qui lui est offerte. Souvent l'employé cède, le tour est joué, la loi est violée, et cette plaisanterie trop répétée augmente de 15 millions le chiffre annuel des pensions civiles que l'on payait en 1876.

Grâce à cette mesure habile, l'on a pu placer encore quelques fils, quelques frères ou neveux de députés, ceux que l'on n'avait pas casés comme chefs de cabinet, chefs adjoints, sous-chefs de cabinet, sous-chefs adjoints des ministres et sous-secrétaires d'Etat, ou comme chefs de bureau « à la suite » dans les diverses administrations.

Car les Jacobins d'en haut ne s'oublient pas, et les services qu'ils rendent à leurs clients ne sont rien auprès de ceux qu'ils se rendent à eux-mêmes et à leurs familles. L'aristocratie jacobine sait se réserver les meilleures places et les emplois grassement rétribués.

On augmente le nombre des ministres, des sous-secrétaires d'Etat ; on multiplie les envoyés, les chargés de mission : M. Paul Bert au Tonkin, M. Thiessé au Venezuela, M. Constans en Chine, M. de Lanessan autour du monde, M. Rouvier en Italie, M. Proust en Allemagne, M. Papinaud à Andorre, amis qu'il faut récompenser, alliés qu'il faut satisfaire, envieux qu'il faut écarter.

Il est d'autres alliés encore, pour lesquels les jacobins ont créé des places nouvelles, fonctionnaires d'un nouveau genre, qui n'ont aucun service à rendre et dont les traitements sont héréditaires: je veux parler des pensionnés politiques. Le 30 juillet 1881, a été promulguée la loi accordant aux victimes du coup d'Etat du 2 décembre 1851 des rentes incessibles et insaisissables d'un chiffre total de six millions de francs.

« Des pensions pourront être accordées aux veuves non remariées, ascendants et descendants au premier degré des intéressés prédécédés. » Les personnes dont les demandes auront été définitivement admises pourront, suivant leurs aptitudes, obtenir des emplois tels que perceptions, recettes buralistes, entrepôts et débits de tabac, sans que les règlements sur la limite d'âge puissent leur être appliqués. Ces avantages pourront être cumulés avec la pension viagère.

Au décès des crédirentiers, la moitié de la pension viagère qui leur aura été attribuée sera reversible sur leur veuve non remariée, ou leurs descendants au premier degré. Articles 1, 2, 12 et 13 de la loi du 30 juillet 1881.

Le 16 décembre 1886, la Chambre a voté le projet de loi allouant des rentes viagères incessibles et insaisissables d'un chiffre total de 200,000 francs, « à titre de récompense nationale, aux citoyens français blessés pour la liberté dans les journées de février 1848 ».

Comme dans la loi précédente, les pensions peuvent être accordées aux veuves non remariées, ascendants et descendants du premier degré des intéressés prédécédés.

« Au décès des rentiers, moitié de la pension viagère qui leur aura été attribuée sera reversible sur leur veuve non remariée ou leurs descendants au premier degré. »

Le 25 juillet 1884, le conseil municipal de Paris a discuté une proposition tendant à allouer des indemnités aux *survivants* et familles de ceux qui ont succombé pendant le mouvement communaliste de 1871. « L'abnégation a été le mobile des hommes de la Commune. Tous ont combattu pour la destruction des privilèges[1] ».

Cette dernière proposition n'a pas encore été soumise aux Chambres. Le gouvernement la

1. Discours du citoyen Amouroux.

combattrait sans doute. Dernière victoire des préjugés sur la logique! Mais la logique finit toujours par l'emporter chez les Jacobins. Que les survivants des communeux de 1871 prennent patience, leur tour viendra.

Je ne désespère pas de voir un jour le ministre de l'intérieur de la République proposer, au nom du Gouvernement, « des rentes et pensions incessibles et insaisissables pour les descendants de ceux qui ont vaillamment détruit les ennemis de la nation, dans les journées dites Massacres de septembre 1792 ».

XV

Le 2 février 1886, l'honorable M. Viette, député du Doubs, disait à la Chambre des députés : « On n'a pas assez rajeuni, on n'a pas assez renouvelé l'esprit de ces administrations... Il fallait immédiatement déchirer et jeter au vent les dix premières pages des annuaires de nos services publics. »

Les accusations de M. Viette sont mal fondées. On a déchiré plus de dix pages des annuaires de nos services. Qu'il prenne ces annuaires de 1878 à 1886, il verra chaque année une épuration nouvelle. Certains services ont été rajeunis et renouvelés plus d'unc fois dans leur ensemble.

Faut-il s'en étonner? Non sans doute, et pour deux raisons.

D'un côté, les quémandeurs de places sont devenus si nombreux sous la République, qu'il a fallu créer une sorte de roulement pour maintenir l'équilibre entre les partis et plaire aux radicaux sans blesser les opportunistes.

De l'autre, et par une pente fatale, les employés en fonction sont devenus plus conservateurs au pouvoir qu'ils ne l'étaient avant d'émarger. Ils sont devenus plus conservateurs, parce qu'ils ont pris certaines qualités d'ordre et d'administration, et parce que bien vite ils se sont trouvés blessés par les exigences de leurs anciens protecteurs et des députés qu'ils devaient servir.

J'en sais qui, radicaux l'an dernier, sont aujourd'hui monarchistes.

C'est la loi.

Que M. Clémenceau lui-même soit soumis pendant deux années au despotisme antédiluvien de M. de Mortillet, maire de Saint-Germain, et M. Clémenceau deviendra, de radical opportuniste, et d'opportuniste conservateur. Et M. le général Boulanger retrouverait ses sentiments cléricaux si, modeste gendarme pour une heure, on prétendait l'obliger à mentir à sa conscience, au nom de la discipline[1].

Nous sommes un peuple de fonctionnaires, mais non pas d'esclaves. Les fonctionnaires traités en esclaves servent mal.

Que les Jacobins, qui nous gouvernent, en prennent leur parti. Ils pourront révoquer encore, épurer sans cesse, remplir journellement les dix premières pages de l'*Officiel* de décrets transformant et réformant tout le personnel, négliger le résultat de tous les concours, confier à leurs propres fils et à leurs neveux, toutes les places et tous les postes, ces fonctionnaires par droit de naissance se lasseront eux-mêmes un jour de la République, le dégoût viendra, et avec le dégoût, le désir d'un gouvernement régulier.

On n'arrête pas le courant qui monte.

Pendant bien des années et, sans aimer la République, la France a cru que la République était le seul gouvernement possible. Aujourd'hui

1. On n'a pas oublié les circulaires de M. de Mortillet, menaçant les fonctionnaires de révocation s'ils n'envoyaient pas leurs enfants à l'école laïque, et les ordres donnés par le ministre de la guerre aux gendarmes, pour les obliger à confier aux instituteurs laïques l'éducation de leurs enfants.

la France croit un autre gouvernement possible.

M. Cherbuliez écrivait un jour, dans un très spirituel article de la *Revue des Deux-Mondes*, que tous les Français étaient sceptiques en politique ; que républicains, bonapartistes et monarchistes, désabusés et désenchantés, restaient sans principes et sans passions ; que l'on ne croyait plus, que l'on n'espérait plus.

C'est une maladie morale qui a existé, mais qui disparaît. Aujourd'hui ils sont nombreux, ceux qui croient, qui espèrent et qui travaillent.

Ils ne croient pas à la République, mais ce qui les empêche de croire en elle, ce n'est pas le scepticisme, c'est l'expérience.

Mais ils croient, mais ils espèrent un gouvernement national et fort, ouvert à tous, supérieur aux partis et servant de contrepoids à leur mobilité, un gouvernement honnête et juste, qui saura protéger les modestes serviteurs de l'Etat, frapper les exploiteurs et les indignes.

Ils travaillent, pour seconder les efforts de « celui qui sera le roi de tous et le premier serviteur de la France ».

PARIS. — IMP. DE LA SOC. ANON. DE PUBL. PÉRIODIQUES. — P. MOUILLOT. — 79262

www.ingramcontent.com/pod-product-compliance
Lightning Source LLC
LaVergne TN
LVHW020433230826
846091LV00004B/1482